essentials

Essentials liefern aktuelles Wissen in konzentrierter Form. Die Essenz dessen, worauf es als „State-of-the-Art" in der gegenwärtigen Fachdiskussion oder in der Praxis ankommt. Essentials informieren schnell, unkompliziert und verständlich.

* als Einführung in ein aktuelles Thema aus Ihrem Fachgebiet
* als Einstieg in ein für Sie noch unbekanntes Themenfeld
* als Einblick, um zum Thema mitreden zu können.

Die Bücher in elektronischer und gedruckter Form bringen das Expertenwissen von Springer-Fachautoren kompakt zur Darstellung. Sie sind besonders für die Nutzung als eBook auf Tablet-PCs, eBook-Readern und Smartphones geeignet.

Essentials: Wissensbausteine aus Wirtschaft und Gesellschaft, Medizin, Psychologie und Gesundheitsberufen, Technik und Naturwissenschaften. Von renommierten Autoren der Verlagsmarken Springer Gabler, Springer VS, Springer Medizin, Springer Spektrum, Springer Vieweg und Springer Psychologie.

Laura C. Hoffmann · Hans-R. Hartweg

Patientenrechte in Europa

Ausgesuchte, europäische Patientenrechtesysteme und -gesetze im Vergleich

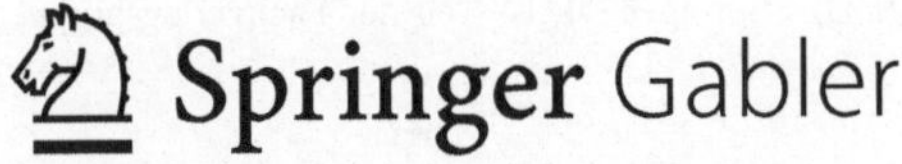

Laura C. Hoffmann
Göttingen, Deutschland

Hans-R. Hartweg
Hamburg, Deutschland

ISSN 2197-6708
ISBN 978-3-658-07286-5
DOI 10.1007/978-3-658-07287-2

ISSN 2197-6716 (electronic)
ISBN 978-3-658-07287-2 (eBook)

Die Deutsche Nationalbibliothek verzeichnet diese Publikation in der Deutschen Nationalbibliografie; detaillierte bibliografische Daten sind im Internet über http://dnb.d-nb.de abrufbar.

Springer Gabler
© Springer Fachmedien Wiesbaden 2014

Springer Gabler ist eine Marke von Springer DE. Springer DE ist Teil der Fachverlagsgruppe
Springer Science+Business Media
www.springer-gabler.de

Inhaltsverzeichnis

Abkürzungsverzeichnis

Abb.	Abbildung
ARGE SHÖ	Arbeitsgemeinschaft Selbsthilfe Österreich
AWBZ	Allgemene Wet Bijzondere Ziektekosten
BGB	Bürgerliche Gesetzbuch
BGH	Bundesgerichtshofs
CDU	Christlich Demokratische Union
CSU	Christlich Soziale Union
DKG	Deutschen Krankenhausgesellschaft
GBA	Gemeinsamen Bundesauschusses
ggü.	gegenüber
i. d. R.	in der Regel
IGel	Individuelle Gesundheitsleistungen
Inkl.	inklusive
Int. $	internationale Dollar (Verrechnungseinheit)
KBV	Kassenärztlichen Bundesvereinigung
KHG	Krankenhausfinanzierungsgesetz
LINks	Local Involvement Networks
NPCF	Niederlandse Patiënten Consumenten Federatie
NHS	National Health Service
PHSO	Parliamentary and Health Service Ombudsman
SGB	Sozialgesetzbücher
SPD	Sozialdemokratische Partei Deutschlands
UN	United Nations
US$	US-amerikanische Dollar
vgl.	vergleiche
z. B.	zum Beispiel
ZVW	Zorgverzekeringswet

Abbildungsverzeichnis

Über die Autoren

Laura C. Hoffmann (Gesundheitsökonomin, BA.), geb. 1987 in Hamburg, arbeitet nach dem Abschluss des Studiums der „Gesundheitsökonomie" an der Hamburger Hochschule Fresenius seit 2014 im administrativen Bereich der „EU- und internationalen Forschungsförderung" der Universitätsmedizin Göttingen.

Prof. Dr. rer. pol. Hans-R. Hartweg (Dipl.-Gesundheitsökonom, univ.), geb. 1970 in Münster, ist Studiendekan für die gesundheitsökonomischen Studiengänge im Bachelor und Masterprogramm und seit 2010 an der Hochschule Fresenius, Hamburg.

Einführung zur Stärkung der Patientenrechte

1

Im Jahre 1999 wurde aus der 72. Gesundheitsministerkonferenz heraus eine Arbeitsgruppe mit der Bezeichnung „Patientenrechte in Deutschland: Fortentwicklungsbedarf und -möglichkeiten" ins Leben gerufen, die sich mit dem Arztvertragsrecht und der Behandlungsfehlerhaftung auseinandersetzte. Diese Arbeitsgruppe stellte einen wachsenden Informationsbedarf in der Bevölkerung fest.[1] Die Bemühungen der auslaufenden letzten Dekade mündeten in die Verabschiedung einer so genannten Patientencharta im Jahr 2002, in der die verschiedene Rechte für die Bürger zusammengefasst wurde.[2] Fortan wurden die Rechte für die Patientenbeteiligung stetig ausgeweitet.[3] Diese Informationsdefizite sind bis heute evident, wie anhand der nachfolgend dargestellten Studie der Bertelsmann-Stiftung verdeutlicht werden soll. Dieser Studie nach kennt das Gros der deutschen Bevölkerung nur wenig über die Rechte oder diese werden schlichtweg falsch ausgelegt,[4] wie Abb. 1.1 zu entnehmen ist.

Mit dieser kurzen Bestandsaufnahme soll einerseits verdeutlicht, wie groß die Unsicherheit der Bevölkerung im Umgang mit ihren Patientenrechten ist. Andererseits zeigt dies, wie sehr die Durchsetzung entsprechender Rechte und die damit verbundene Auseinandersetzung maßgeblicher Organisationen des Gesundheits- und Pflegewesens schon lange zur gesundheitspolitischen Agenda gehört. Mit dem

---

[1] Vgl. Referentenentwurf [2012], S. 14.

[2] Vgl. ebd.

[3] Vgl. ebd.

[4] Vgl. Bertelsmann Stiftung [2010], o. S.

© Springer Fachmedien Wiesbaden 2014
L. C. Hoffmann, H.-R. Hartweg, *Patientenrechte in Europa*, essentials,
DOI 10.1007/978-3-658-07287-2_1

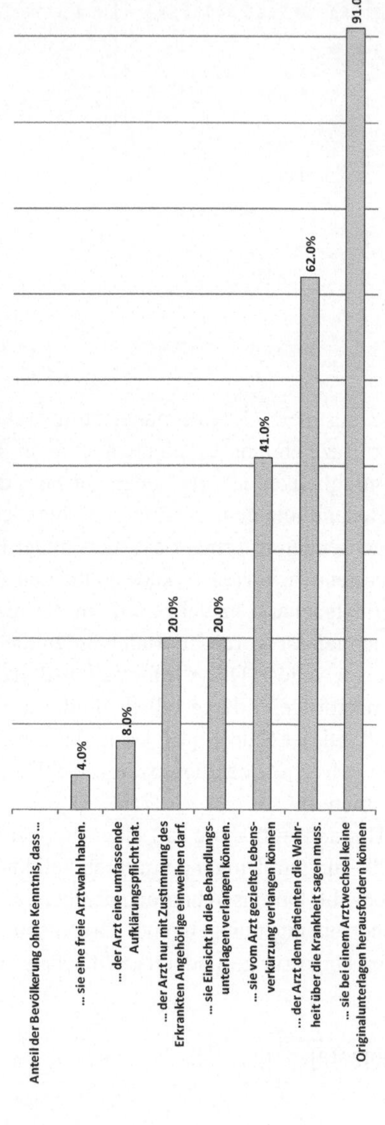

Abb. 1.1 Befragung der Bertelsmann-Stiftung aus 2010. (Quelle: Eigene Darstellung)

Bestreben, solche Patientenrechte zu stärken, reagierte deswegen die Gesundheitspolitik jüngst auf viele Rechtsprechungen, insbesondere die des 6. Senats des Bundesgerichtshofs (BGH), der entschieden hatte, die Rechtsstellung der Patientinnen und Patienten weiterzuentwickeln. Mit den dieser Weiterentwicklung entsprungenen Grundsätzen sollten auch Leistungserbringer vor einer ausufernden Bürokratie bei der Behandlung von Patientinnen und Patienten geschützt werden.

Pluralität der Rechtsgrundlagen zu den Patientenrechten

2

In Deutschland existiert eine ganze Reihe von Gesetzen und Verordnungen, die die Rechte der Patientinnen und Patienten definieren. Leider sind aus Sicht der Betroffenen diese Regelungen über viele, unterschiedliche Gesetzesgrundlagen verteilt. Zu diesen gehören u. a.: das Bürgerliche Gesetzbuch (BGB), die unterschiedlichen Sozialgesetzbücher (SGB), die Richtlinien des von der Kassenärztlichen Bundesvereinigung (KBV), der Deutschen Krankenhausgesellschaft (DKG) und dem Spitzenverband Bund der Krankenkassen getragenen Gemeinsamen Bundesauschusses (GBA), die Bundesmantelverträge, die Berufsordnungen der Landesärztekammern sowie weitere Spezialnormen, wie zum Beispiel das Arzneimittelgesetz.[1]

Für die Patientinnen und Patienten ist es bei dieser Regelungsvielfalt nicht gerade leicht, einerseits die im Rahmen der unterschiedlichen Regelungen ausgelobten Hilfestellungen zu überblicken und andererseits etwaige Ansprüche aus diesen Regelwerken unbürokratisch abzuleiten und durchzusetzen. Dies war Grund, um die unterschiedlichen Regelungen zu den Patientenrechten in einem sogenannten „Patientenrechtegesetz" zusammenzuführen.[2]

---

[1] Vgl. Grundlagenpapier [2011], S. 8.

[2] Vgl. Eckpunktepapier [2011], S. 2.

© Springer Fachmedien Wiesbaden 2014

L. C. Hoffmann, H.-R. Hartweg, *Patientenrechte in Europa*, essentials,

DOI 10.1007/978-3-658-07287-2_2

2.1 Gesetzliche Neuregelungen

2.1.1 Grundlagenpapier

Dazu einigte sich die damals aus den Fraktionen der CDU/CSU und der SPD bestehende „Große Koalition" im III. Quartal 2009 darauf „[d]en begonnenen Weg zu einer stärkeren Patientenpartizipation (…) mit dem Ziel fort[zusetzen], die Informations- und Beteiligungsrechte der Patientinnen und Patienten auszubauen und die Transparenz zu erhöhen."[3] Aus diesem Konsens ging ein Grundlagenpapier hervor, das die Absicht verfolgte, die Rechte der Patienten hinsichtlich einer größeren Transparenz klarer zu gestalten und die Rechte gegenüber den beteiligten Organisationen zu stärken. Ein weiterer zentraler Punkt des Papiers ist die Änderung beim Umgang mit Behandlungsfehlern[4] im Gesundheitswesen. Dieses Grundlagenpapier zielt auch darauf ab, dass gerade eine Kultur zur Fehlervermeidung in der Gesundheitsversorgung zukünftig angegangen werden soll. Grund hierfür ist, dass medizinische Abläufe immer komplexer werden, was als Hauptursache für eine höhere Fehleranfälligkeit diskutiert wird. Weitere Forderung des Papiers ist, dass die betroffenen Patientinnen und Patienten im Falle eines Behandlungsfehlers eine aktivere Unterstützung durch die Kranken- und Pflegekassen erhalten sollen.[5]

2.1.2 Eckpunktepapier

Zur Erweiterung der politischen Forderungen des Grundlagenpapiers wurde am 16. November 2011 von den Gesundheitsministerinnen und -ministern der Länder, in denen die Sozialdemokraten mit in der Regierungsverantwortung[6] waren, ein Eckpunktepapier erstellt.[7] Grund für die von den Ländern mit diesem Eckpunktepapier untermauerten, politischen Forderungen war der Umstand, dass bei der Stärkung der Patientenrechte eine große Anzahl der betroffenen Regelungsbereiche der Gesetzgebungskompetenz der Länder obliegt.[8] Auch wenn die Bundesländer mit

---

[3] Koalitionsvertrag [2005], S. 101.

[4] Vgl. Grundlagenpapier [2011], S. 1.

[5] Vgl. ebd.

[6] Zu diesen Bundesländern gehörten: Hamburg (in der Federführung), Baden-Württemberg, Berlin, Brandenburg, Bremen, Mecklenburg-Vorpommern, Nordrhein-Westphalen, Rheinland-Pfalz, Sachsen-Anhalt und Thüringen.

[7] Vgl. Eckpunktepapier [2011], S. 1.

[8] Als Beispiel sollen hier die jeweiligen Kammergesetze der Länder genannt werden. Vgl. ebd.

sozialdemokratischer Regierungsbeteiligung den Inhalten des vorangegangenen Grundlagenpapiers inhaltlich zum größten Teil zustimmten, hielten es einige der Länder dennoch für geboten, weitere Detailregelungen in das Papier aufzunehmen bzw. Ergänzungen einzufordern. Zu diesen Forderungen gehörte u. a. die Verbesserung der Rechte ggü. den Kostenträgern, Verbesserung der Transparenz, Förderung einer Fehlervermeidungskultur, die Kodifizierung eines Haftungssystems und die Stärkung der kollektiven Patientenrechte.[9] Ferner sollte ein so genannter Härtefallfonds etabliert werden.[10] Dieser Fonds sollte – österreichischem Vorbild folgend – für betroffene Patientinnen und Patienten eingerichtet werden. Die im Rahmen von Behandlungsfehlern bei einer (stationären) Versorgung Geschädigten sollten vor dem Hintergrund der Schwierigkeiten bei der Durchsetzung ihrer zivilrechtlichen Schadensersatzansprüche finanzielle Unterstützung zugesprochen bekommen.[11]

2.1.3   Referentenentwurf

Der auf das Eckpunktepapier folgende Referentenentwurf ist am Anfang des Jahres 2012 vom Bundesministerium für Gesundheit und vom Bundesministerium für Justiz veröffentlicht worden und sieht Änderungen und Ergänzungen im Bürgerlichen Gesetzbuch, im Fünften Buch Sozialgesetzbuch betreffend die Krankenversicherung – SGB V -, in der Patientenbeteiligungsverordnung und im Krankenhausfinanzierungsgesetz (KHG) vor.[12] Das Gesetz verfolgt ein gesundheitspolitisches Ziel: „Richtig verstandener Patientenschutz setzt nicht auf rechtliche Bevormundung, sondern orientiert sich am Leitbild des mündigen Patienten. Deshalb gilt es, Transparenz und Rechtssicherheit hinsichtlich der bereits heute bestehenden umfangreichen Rechte der Patientinnen und Patienten herzustellen, die tatsächliche Durchsetzung dieser Rechte zu verbessern, zugleich Patientinnen und Patienten im Sinne einer verbesserten Gesundheitsversorgung zu schützen und insbesondere im Fall eines Behandlungsfehlers stärker zu unterstützen."[13] Das Patientenrechtsgesetz ist am 1. Januar 2013 in Kraft getreten.[14]

---

[9] Vgl. ebd., S. 4 ff.

[10] Vgl. ebd., S. 10 f.

[11] Vgl. genauere Ausarbeitungen zur Finanzierung im Anhang I Eckpunktepapier [2011], S. 13 ff.

[12] Vgl. Referentenentwurf [2012], S. 1.

[13] Ebd., S. 1.

[14] Vgl. ebd., S. 11.

2.2 Kurzdarstellung der aktuellen Änderungen

2.2.1 Änderungen im Bürgerlichen Gesetzbuch

Im Bürgerlichen Gesetzbuch wurden Regelungen zum Behandlungsvertrag in die §§ 630 ff. BGB aufgenommen:[15] Diese Bestimmungen zielen auf die Regelung des Vertragsverhältnisses zwischen Patientinnen/Patienten und Ärztinnen/Ärzten sowie zu anderen Leistungserbringern des Gesundheitswesens (z. Bsp. andere Heilberufe). In den BGB-Regelungen werden nun auch Informations- und Aufklärungspflichten festgelegt. Danach ist zukünftig eine alleinige, schriftliche Aufklärung unzureichend. Demnach muss stets ein persönliches Gespräch vor einem Eingriff erfolgen, in dem unter anderen auch alle Zusatzkosten (bspw. aufgrund so genannter, individueller Gesundheitsleistungen, kurz: IGel) benannt werden müssen. Weiterhin wird die Pflicht zur vollständigen Dokumentation einer Behandlung gesetzlich verankert. Diese Regelung ist mit dem Recht der Patientinnen und Patienten verbunden, jederzeit Einsicht in die Dokumentation nehmen zu können bzw. sich eine Abschrift mitgeben zu lassen.[16]

2.2.2 Änderungen im Fünften Sozialgesetzbuch und im Krankenhausrecht

Die Änderungen des Fünften Sozialgesetzbuches und die des Krankenhaus-(finanzierungs-)gesetzes zielen zum einen auf die Stärkung der Rechte der Patienten gegenüber Leistungserbringern. So sollen Kranken- und Pflegekassen zukünftig aktiv in den Unterstützungsprozess bei der Durchsetzung von Schadensersatzansprüchen seitens aller bei ihnen versicherten Patienten einbezogen werden.[17] Zum anderen sollen Krankenhäuser und vertragsärztliche Praxen rechtlich verpflichtet werden, ein differenzierteres Qualitätsmanagementsystem einzuführen, welches zu einer erhöhten Patientensicherheit beitragen soll.[18] Darüber hinaus werden für Krankenhäuser finanzielle Anreize gesetzt, damit diese an einem einrichtungsübergreifenden Fehlermeldesystem mitwirken und somit „ein gemeinsames Lernen aus unerwünschten Ereignissen auch außerhalb der eigenen Ein-

---

[15] Vgl. ebd., S. 15 f.

[16] Vgl. Referentenentwurf [2012], S. 7.

[17] Vgl. ebd., S. 17.

[18] Vgl. ebd.: So soll zum Beispiel in Krankenhäusern die Einführung eines Patientenbeschwerdemanagements Pflicht werden.

richtung ermöglichen.“[19] Um dies zu gewährleisten, wird der Gemeinsame Bundesausschuss in die Pflicht genommen, entsprechende Regelungen auf den Weg zu bringen.[20]

2.2.3 Änderungen im Rahmen der Patientenbeteiligungsverordnung

Darüber hinaus werden die Patientenverbände zukünftig Mitsprachrechte bei der Bedarfsplanung der vertragsärztlichen Versorgung[21] und bei der Befristung von Zulassungen von Ärztinnen und Ärzten erhalten. Diese Regelungen werden in eine Mitwirkungsbeteiligung der Patientinnen und Patienten beim Spitzenverband Bund der Krankenkassen eingebettet.[22] Der Entwurf macht auf die unterschiedlichen Rahmenbedingungen für privat und gesetzlich krankenversicherte Patientinnen und Patienten aufmerksam. Hier liegt die Vermutung nahe, dass es ggf. mit den unterschiedlichen, kodifizierten Rechtsnormen nicht gelungen ist, einheitliche Regelungen über alle Patientinnen und Patienten, unabhängig von ihrem gesetzlichen oder aber privaten Versicherungsstatus, zu entfalten.[23]

---

[19] Ebd.

[20] Vgl. ebd.: So soll zum Beispiel in Krankenhäusern die Einführung eines Patientenbeschwerdemanagements Pflicht werden.

[21] Vgl. ebd., S. 18.

[22] Vgl. ebd.

[23] Vgl. ebd., S. 27.

3.1 Kurzwürdigung der neuen Rechtslage

In der Folge gaben die unterschiedlichen am Entstehungsprozess des Gesetzes Beteiligten differenzierte Rückmeldungen zu den Neuregelungen. Von politischen Oppositionsparteien wurde zum Teil kritisiert, dass lediglich eine Zusammenstellung bereits vorhandener, rechtlicher Rahmenbedingungen gelungen sei und das Gesetz „eigentlich" keine „echte" Veränderung bewirke.[1]

Weitere Kritikpunkte aufseiten der betroffenen Patientinnen und Patienten bezogen sich darauf, dass keine Beweislastumkehr für die Betroffenen in das Gesetz aufgenommen wurde. Eine solche Regelung hätte es den Betroffenen wesentlich einfacher gemacht, ihre Ansprüche ggü. den Behandelnden durchzusetzen. Vonseiten der Ärzte wurde bemängelt, dass die erweiterten Anforderungen an die Dokumentationspflicht zu einer Ausweitung der Bürokratie führen und somit (noch) weniger Zeit für die Ausübung des eigentlichen Arztberufes (ver-)bleiben würde.[2]

Patientenvertreterinnen und Patientenvertretern fehlt ein erweitertes Mitbestimmungsrecht. Entsprechende Regelungen hätten im Gemeinsamen Bundesausschuss einen größeren Stellenwert einnehmen können. Zudem hätten Leistungserbringer stärker in die Pflicht genommen werden sollen, auch „Beinahe-Fehler" in das Fehlermeldeberichtssystem aufzunehmen. Patientensprecher hätten sich zudem die Einrichtung einer Stiftung/eins Entschädigungsfonds gewünscht. Dieser Fonds sollte finanzielle Hilfen bei der Durchsetzung der Patientenrechte als später

---

[1] Vgl. Vogler [2012], o. S.

[2] Vgl. Gieske [2012], o. S.

© Springer Fachmedien Wiesbaden 2014
L. C. Hoffmann, H.-R. Hartweg, *Patientenrechte in Europa*, essentials,
DOI 10.1007/978-3-658-07287-2_3

zurückzuzahlende Hilfe leisten.[3] Auch nach Ansicht der Bundesländer mit sozial-demokratischer Regierungsbeteiligung hätte die Idee eines solchen Härtefallfonds nach österreichischem Vorbild mit in das Patientenrechtegesetz aufgenommen werden sollen.[4]

---

[3] Vgl. Fricke [2012], o. S.

[4] Ärztezeitung [2012], o. S.

Schon diese kurze Schilderung zeigt, wie fremd dem deutschen Haftungsrecht alternative Entschädigungsmodelle sind. Gerade in einem solchen Punkt könnte das bundesdeutsche Patientenrecht über die jüngsten Nivellierungen hinaus von bewährten Erfahrungen internationaler Systeme profitieren. Deswegen scheint es mehr als sachgerecht, den Blick über den deutschen Tellerrand hinaus auch auf die kodifizierten Patientenrechte anderer Nationen zu richten. Dabei wird der Blick auf internationale Haftungsrechtsysteme häufig mit Fragen nach Veränderungen hinsichtlich der nationalen Finanzierungsregelungen verbunden. Ggf. können europäische Ansätze entsprechende Überlegungen beflügeln, eine Beweiserleichterung bei einfachen Behandlungsfehlern bzw. eine Proportionalhaftung auch in Deutschland zu etablieren.[1]

4.1 Vorbemerkungen zur Charakterisierung

Um die jeweilige Ausgestaltung der Patientenrechte in den nun nachfolgend dargestellten europäischen Nachbarstaaten besser zu verstehen, bietet es sich an, einige der typischen Merkmale dieser Nachbarstaaten herauszuarbeiten und derart eine kurze Charakterisierung vorzunehmen.

So soll ein erster Blick auf den in den Nachbarstaaten existente Grundtypus des Gesundheitssystems nebst den jeweiligen, gesundheitsbezogenen Pro-Kopf-Ausgaben gerichtet werden. Zudem ist von Interesse, ob das jeweilige Nachbarland

---

[1] Vgl. Referentenentwurf [2012], S. 12 f.

© Springer Fachmedien Wiesbaden 2014
L. C. Hoffmann, H.-R. Hartweg, *Patientenrechte in Europa*, essentials,
DOI 10.1007/978-3-658-07287-2_4

über ein Patientenrechtegesetz verfügt. In einigen der Staaten sind Schlichtungsstellen existent oder es werden so genannte Ombudsleute eingesetzt, um bei strittigen Haftungs- und Rechtsfragen zu vermitteln. Darüber hinaus spielt die Möglichkeit der Patienten, sich an den politischen Entscheidungsprozessen zu beteiligen, eine wichtige Rolle bei der Charakterisierung. Zum Teil unterstützt der Staat bzw. eine staatliche Organisation die Patienten dabei, die ihnen zugesprochenen Rechte wahrzunehmen.

Hier noch einmal ein zusammenfassender Überblick über die ausgewählten Charakteristika:

1. Charakterisierung des Gesundheitssystems inkl. Pro-Kopf-Ausgaben (in int. $)[2]
2. Existenz eines Patientenrechtegesetzes
3. Existenz einer Schlichtungs-/Ombudsstelle
4. Beteiligung der Patienten an den politischen Entscheidungsprozessen

4.2 Übertragung der Kriterien auf die Bundesrepublik Deutschland

Das deutsche Krankenversicherungssystem ist ein Gesundheitssystem Bismarck'scher Prägung, in dem weite Teile der Bevölkerung (ca. 90 %) gesetzlich krankenversichert sind. Die Pro-Kopf-Ausgaben betrugen 2010 ausgedrückt in kaufkraftbereinigten, internationalen Dollars: 4332,- int. $.

Ein Patientenrechtegesetz ist – wie zuvor dargestellt – im vergangenen Jahr in Deutschland verabschiedet worden und somit existent. Zudem existieren in Deutschland unterschiedliche Schlichtungsstellen. So gibt es einerseits einen Patientenbeauftragten,[3] der im Bundesgesundheitsministerium dienstansässig ist und sich dort um die Eingaben von Versicherten und Patientinnen/Patienten kümmert. Andererseits gibt es im Bereich der privaten Pflegeversicherung eigene

---

[2] Beim so genannten, internationalen Dollar (int$) handelt es sich um eine von der World Bank (Weltbank) berechnete Vergleichswährung. Ziel dieser auf jeweils 1 US$ bezogenen Vergleichswährung ist es, ein weltweit vergleichbares Pro-Kopf-Einkommen unter Berücksichtigung der sehr unterschiedlichen Kaufkraftparitäten zu ermitteln. Die international sehr unterschiedlichen Kaufkraftparitäten werden durch die internationalen Kapiteltransaktionen und die damit verbundenen volatilen Wechselkurse bestimmt.

[3] Vgl. Beauftragte der Bundesregierung für die Belange der Patientinnen und Patienten [2012], o. S.

Ombudsleute,[4] die sich speziell mit strittigen Fragen von Pflegebedürftigen und ihren Angehörigen auseinandersetzen. Eine Beteiligung von Patienten an politischen Entscheidungsprozessen ist über die Beratungsrechte der Patientenvertreterinnen und -vertreter im Gemeinsamen Bundesausschuss geregelt. Dabei ist jedoch anzumerken, dass diese Patientenvertreter (bislang) über kein Stimmrecht verfügen.[5]

Eine nicht unbedeutende Rolle spielt in Deutschland zudem traditionell der Verbraucherschutz. Bundesdeutsche Bürger sollen in ihrer Rolle als Konsumenten von Gütern und Dienstleistungen geschützt werden, da sie im Vergleich zu den Herstellern, die die Realgüter und Dienstleistungen vertreiben, weniger gut informiert sind und mangels eingehender Fachkenntnisse nicht alle Vor- und Nachteile ihrer Konsumentscheidungen durchschauen können. Die Verbraucherschutzzentralen sind landesweit i. d. R als gemeinnützige Vereine organisiert und sind bundesweit zu einem Dachverband, dem so genannten Verbraucherzentrale Bundesverband e. V.,[6] zusammengeschlossen. Teilaufgabe des Verbraucherschutzes ist ein gesundheitsbezogener Verbraucherschutz. So hat bspw. die Verbraucherzentrale Hamburg einen besonderen Fokus auf Themen der Gesundheit und des Patientenschutzes, so dass sich Auskunftssuchende auch an diese Organisation wenden können.[7]

4.3   Vergleich ausgesuchter, europäischer Patientenrechtssysteme

4.3.1   Patientenrechte in Schweden

Schweden verfügt über ein staatliches Gesundheitswesen, das die gesamte Bevölkerung nach dem Wohnsitzprinzip versorgt. Das System der stationären und ambulanten medizinischen Versorgung wird dezentral von den 21 Provinziallandtagen organisiert und finanziert. Unterstützt werden sie von den 290 Versicherungsämtern der Gemeinden. Die Provinziallandtage können für die Gesundheitsversorgung eigene Schwerpunkte setzen. In Schweden betragen die Pro-Kopf-Ausgaben betrugen 2010: 3757,- int $.[8]

---

[4] Vgl. PKV Ombudsmann [2012], o. S.

[5] Vgl. Prognos AG [2011], S. 29.

[6] Weitere Informationen zur Verbraucherverband Bundeszentrale e. V. sind der Homepage: http://www.vzbv.de/ (Abgriff: 12.03.2013) zu entnehmen.

[7] Eine Übersicht über die aktuellen Themen der Verbraucherzentrale Hamburg ist den Internetseiten: http://www.vzhh.de/gesundheit/3459/aktuelles-zum-thema-gesundheit.aspx (Abgriff: 12.03.2013) zu entnehmen.

[8] Vgl. Weltgesundheitsorganisation [2012] Global Health Observatory.

Schweden verfügt über kein eigenes Patientenrechtegesetz. Strittige Patienten-rechte können jedoch über einen so genannten „Justitieombudsman"[9] bzw. für die Behandlung von Kindern und Jugendlichen über einen „Barnombudsman"[10] im Rahmen eines sehr ausgeprägten Schiedsstellenwesens angegangen werden. Die offizielle Bezeichnung dieser Institution kann mit dem Begriff der „Parlamentari-schen Ombudsleute" übersetzt werden. Diese Personen verfügen über weitgehende Rechte zum Schutz der Bürger gegen Missbrauch durch öffentliche Stellen. Kom-men diese parlamentarischen Ombudsleute zu dem Ergebnis, dass rechtliche oder aber ethische Grundsätze verletzt wurden, so kann gegen die Behörde oder aber gegen die ausführenden Mitarbeiterinnen und Mitarbeiter der Behörde geklagt werden. Dies kann ggf. bis zu Strafanzeigen reichen. Mit diesen Grundsätzen kann auch gegen Entscheidungen einzelner Ministerien vorgegangen werden. Zudem können die parlamentarischen Ombudsleute auch Empfehlungen mit legislativer Wirkung vorschlagen.[11]

Für die Belange der schwedischen Kinder gibt es eine eigene staatliche Behör-de, die 1993 ins Leben gerufen wurde und sich speziell um die Rechte und Interes-sen von Jugendlichen und Kindern kümmert. Ausgehend von der UN-Konvention über die Rechte des Kindes wachen diese „Kinderbeauftragten" über die Einhal-tung der Konvention. Die Behörde hat dabei u. a. ein eigenes Vorschlagsrecht, um bspw. die Änderung von Gesetzen oder Verordnungen zu bewirken. Darüber hinaus berichtet diese Behörde jährlich an die Regierung und gibt damit auch Analysen und Empfehlungen für eine verbesserte Situation dieser schutzbedürftigen, min-derjährigen Bürger ab. Dem „Ombudsmann für Kinder und Jugendliche" kommen umfängliche, gesetzlich verpflichtende Informationspflichten zu und bezieht auch zu speziellen Fragen, die die Öffentlichkeit aufwirft, Stellung. In seiner Stellung kann er Informationen von Gemeinden, Bezirksräten oder aber anderen Behörden einziehen und diese Stellen beraten. Die Leistungen dieses „Kinderombudswesen" werden staatlich bezuschusst.[12]

Zur Beteiligung der Patienten an politischen Entscheidungsprozessen existiert eine Dachorganisation, die sich „Handikappförbundens samarbetsorgan" nennt und sich vorrangig für die Belange von Menschen mit Behinderung einsetzt. Hin-ter dieser Dachorganisation verbirgt sich eine Gesellschaft mit 39 Mitgliedsorgani-sationen. Die schwedischen Behindertenorganisationen haben sich damit für eine

---

[9] Vgl. Parliamentary Ombudsmen [2012], o. S.

[10] Vgl. Barnombudsmannen [2012], o. S.

[11] Vgl. Parliamentary Ombudsmen [2012], o. S.

[12] Vgl. Barnombudsmannen [2012], o. S.

gemeinsame Interessenvertretung entschieden.[13] Über die Menschen mit Behinderung hinaus bestehen damit auch aufseiten der Patienten gute Möglichkeiten sich in politische Entscheidungsprozesse einzubringen.

4.3.2   Patientenrechte in den Niederlanden

Die niederländische Krankenversicherung besteht es mehreren nebeneinander bestehenden Versicherungssystemen. Unterschieden wird eine Bürgerversicherung für die Akutversorgung, die so genannte Zorgverzekeringswet (ZVW). Dieser Versicherungszweig stellt die Basisversorgung im Krankheitsfall sicher. Daneben besteht ein Versicherungszweig, die Allgemene Wet Bijzondere Ziektekosten (AWBZ), der speziell für besondere Gesundheitsausgaben eingerichtet wurde und damit die über die Basisversorgung hinausgehenden Kosten abdeckt. Die in internationalen, kaufkraftbereinigten Dollar ausgedrückten Pro-Kopf-Ausgaben betrugen 2010 in den Niederlanden: 5038,- int. $.[14]

Die Niederlande gelten als das europäische Pionierland in puncto Patientenrechte.[15] Bereits zum 01.04.1995 haben Patientenrechte eine eigene Kodifizierung im niederländischen Zivilrecht gefunden, im sogenannten Dutch Medical Treatment Act. Hauptziel der Vorschriften ist, die rechtliche Situation der niederländischen Patienten zu bestimmen und in der Folge zu stärken. Die gesetzlichen Bestimmungen erstrecken sich dabei über die Patientenrechte hinaus auch auf medizinische Maßnahmen, die nicht im Rahmen eines Behandlungsvertrages durchgeführt werden, soweit die medizinische Behandlungssituation die Anwendung der Bestimmungen zulässt.

Eine Beteiligung der Patienten an den politischen Entscheidungsprozessen ist in den Niederlanden traditionell tief verwurzelt. Da weite Teile der Niederlanden unter dem Meeresspiegel liegen und es – diesem Umstand geschuldet – nicht sinnvoll ist, zum Schutz vor Springfluten/Hochwasserständen isolierte Deichanlagen zu errichten, gehört bei Bedrohungen von allgemeiner Bedeutung eine gemeinsame Interessensbildung seit Jahrhunderten zur politischen Konsensbildung. Unter dem Begriff des „Poldermodells" werden diese gemeinsamen, standesübergreifenden und auf alle Bevölkerungsgruppen bezogenen Bemühungen subsummiert. Dabei

---

[13] Vgl. Prognos AG [2011], S. 52 f.

[14] Vgl. Weltgesundheitsorganisation [2012] Global Health Observatory.

[15] Die umfassenden Regelungen dieses Gesetzes haben andere europäische Nationen überzeugt, ihre Patientenrechte an die niederländischen Bestimmungen anzulehnen. Zu diesen Ländern gehören bspw. Litauen oder Estland.

handelt es sich um eine organisierte Zusammenarbeit von unabhängigen Experten, die von der Regierung ernannt werden. Auch Themen einer patientenseitigen Interessensvertretung können in eine solche Konsensbildung eingebracht werden.[16] Die so genannte Niederlandse Patiënten Consumenten Federatie (NPCF), also die „Niederländische Patienten- und Verbrauchervereinigung", kann als Dachorganisation solche Konsensbildungen begleiten und vertritt damit die Interessen unterschiedlichster Patientengruppen. Damit tritt der NPCF als Ansprechpartner zwischen Leistungserbringern, Kostenträgern und der Regierung auf.[17]

4.3.3 Patientenrechte in Dänemark

Das dänische Gesundheitssystem ist dadurch gekennzeichnet, das es jedem Einwohner einen freien gleichen Zugang zu den Gesundheitsleistungen ermöglicht. Es handelt sich also um ein staatliches, weitestgehend, steuerfinanziertes Gesundheitssystem.[18] Die in internationalen, kaufkraftbereinigten Dollar ausgedrückten Pro-Kopf-Ausgaben Dänemarks betrugen 2010: 4537,- int. $.[19]

Bereits seit 1998 existiert in Dänemark ein Patientenrechtegesetz, das die Bezeichnung „Lov om patienters rettsstilling" trägt. Unter der Organisation des Ministeriet for Sundhed og Forebyggelse (Ministeriums für Gesundheit und Prävention) wurde zum 1. Januar 2011 ein Gesetz über Beschwerden und Rechtsbehelfe im dänischen Gesundheitswesen etabliert. Der dänische Patientombuddet[20] (Patientenbeauftragte) erhielt darin die Aufgabe, sich professionell um Patientenbeschwerden zu kümmern. Zudem wurde eine entsprechende Plattform im Internet eingerichtet, die für die dänische Bevölkerung gut erreichbar ist.[21]

Die Beteiligung der Patientinnen und Patienten wird in Dänemark über einem so genannten Bivirkningsrådet[22] („Rat für pharmakologische Wirkungen") speziell für die Arzneimittelversorgung geregelt. Dieses Gremium befasst sich nicht nur mit den Wirkungen und Nebenwirkungen von Arzneimitteln sondern auch mit klinischen Studien, es informiert über so genannte „unbeabsichtigte Ereignisse"

---

[16] Vgl. Ministerie van Volksgezondheid, Welzijn en Sport [2012], o. S.

[17] Vgl. Prognos AG [2011], S. 51 f.

[18] Vgl. Matz [2010].

[19] Vgl. Weltgesundheitsorganisation [2012] Global Health Observatory.

[20] Vgl. Interreg 4A [2011], S. 24.

[21] Vgl. auch die Internetseite des dänischen Patientenbeauftragten, die unter http://www.patientombuddet.dk (Abgriff: 12.02.2013) verfügbar ist.

[22] Vgl. Prognos AG [2011], S. 42.

und gibt direkte Sicherheitshinweise an die Bevölkerung. Dieses Gremium versucht dabei einen Ausgleich der unterschiedlichen Interessen, zu denen die der Industrie, der Politik, der medizinischen Fachgesellschaften, der Ministerien, die der Leistungserbringung aber auch die der Patientenorganisationen gehören. Der Bivirkningsrådet setzt sich einen eigenen Handlungsrahmen, der in einem über 2–3 Jahre andauernden Aktionsplan zusammengeführt wird.[23]

4.3.4   Patientenrechte in Österreich

Das Krankenversicherungssystem in Österreich ähnelt dem deutschen Sozialversicherungsmodell. Auch hier gibt es nach Bismarck'schen Vorbild ein obligatorisches Krankenversicherungssystem für Erwerbstätige sowie für gleichgestellte Personenkreise (wie bspw. Arbeitslosengeldempfänger, Rentner, usw.). Da keine Versicherungspflichtgrenze existiert und zudem lediglich bestimmte Freiberufler (z. B. Notare) nicht von der Versicherungspflicht erfasst werden, ist fast die gesamte österreichische Bevölkerung (rd. 98 %) gesetzlich krankenversichert. In Österreich sind deswegen Pro-Kopf-Ausgaben in Höhe von 4388,- int $ zu verzeichnen (2010).[24]

Regelungen, die die Rechte der Patienten in Österreich zum Inhalt haben, tragen die Bezeichnung: „Vereinbarung zur Sicherstellung der Patientenrechte (Patientencharta)" und wurden in Österreich Ende der 1990er Jahre parlamentarisch debattiert und dann in den Folgejahren kodifiziert.[25] Ziel dieser Regelungen ist es, eine diskriminierungsfreie und die Persönlichkeitsrechte der Patientin/des Patienten wahrende Behandlung durch die unterschiedlichen Leistungserbringer des österreichischen Gesundheitswesens sicherzustellen. Diese Sicherstellung bezieht sich dabei über die Krankenbehandlung hinaus auch auf die Gebiete der Gesundheitsförderung, der Vorsorge- und der Arbeitsmedizin sowie auf die der Rehabilitation und des Kurwesens. Zugleich wird auf die Kontinuität von Behandlung und Pflege verwiesen und die Versorgung mit Arzneimitteln und Medizinprodukten einbezogen.[26]

---

[23] Vgl. auch die Internetseite: http://www.sum.dk/Aktuelt/Nyheder/Medicin/2011/Juli/Bivirkningshandlingsplan%202011-2013.aspx (Abgriff: 12.02.2013).

[24] Vgl. Weltgesundheitsorganisation [2012] Global Health Observatory.

[25] Vgl. Stand der parlamentarischen Behandlung zur Vereinbarung zur Sicherstellung der Patientenrechte (Patientencharta), abrufbar unter: http://www.parlament.gv.at/PAKT/VHG/BR/I-BR/I-BR_05985/index.shtml (14.02.2013).

[26] Vgl. Gesetzestext zur Patientencharta, abrufbar unter: http://www.parlament.gv.at/PAKT/VHG/XXII/BNR/BNR_00058/index.shtml (14.02.2013).

Ebenfalls sehr ausgeprägt ist das österreichische Ombudswesen. Im Zentrum dieses Ombudswesens steht der so genannte Volksanwalt, der als bundesverfassungsrechtlich verankertes Organ für eine Dauer von 6 Jahren bestellt wird. In dieser Zeit nimmt er die Rechte der Bürger wahr, die sich von der Verwaltung ungerecht behandelt fühlen und/oder bereits alle Rechtsmittel ausgeschöpft haben. Der Volksanwalt (in den Ländern Tirol und Vorarlberg: der so genannte Landesvolksanwalt) kann alle Bundes-, Landes- und Gemeindebehörden und -organe sowie die Träger der Sozialversicherung prüfen und zu Sachverhalten befragen. Damit stehen sehr umfängliche Möglichkeiten zur Verfügung, offene Streitfälle über diesen Volksanwalt anzugehen und ggf. einer Schlichtung zuzuführen.[27] Über diesen Volksanwalt auf der Bundesebene (mit den genannten Ausnahmen) existieren auf der Ebene der österreichischen Bundesländer zudem so genannte Patientenanwälte. Hinter diesem Organ stehen landesweit agierende Patientenanwaltschaften, die als völlig eigenständige Organisationen agieren und den Patientinnen bzw. Patienten im Gesundheits- und Spitalsbereich bei der Vertretung Ihrer Rechte helfen.[28]

Darüber hinaus können sich Patienten über die so genannte Arbeitsgemeinschaft Selbsthilfe Österreich (ARGE SHÖ) an politischen Entscheidungsprozessen beteiligen. Nach eigener Darstellung versucht diese Arbeitsgemeinschaft dabei, nicht nur Einzelinteressen sondern die Anliegen einer breiten Basis zu vertreten. Sie gilt damit als Instanz einer kollektiven Patienteninteressenvertretung. Zu den Hauptaufgaben der ARGE gehören die Interessenvertretung der Selbsthilfe auf Bundesebene, die Interessenvertretung der gesundheitspolitischen Mitgliederanliegen, das Betreiben von Informations- und Kooperationsstrukturen zu wichtigen Entscheidungsträgern aus dem Gesundheits- und Sozialbereich, das Mitwirken an gesundheits- und sozialpolitischen Entscheidungen, das selbsthilferelevante Projektmanagement, die Möglichkeiten, sich in den verschiedenen Formen der Selbsthilfe einzubringen, sowie die Qualitätsentwicklung der Selbsthilfe im österreichischen Gesundheitsbereich.[29] Die ARGE erhält für ihre Bemühungen teilweise staatliche Fördermittel.[30]

---

[27] Vgl. Volksanwaltschaft [2012], o. S. bzw. volksanwaltschaft.gv.at/ (22.04.2013).

[28] Vgl. die Informationen des Bundesministeriums für Gesundheit im Rahmen des Öffentlichen Gesundheitsportals Österreich https://www.gesundheit.gv.at/Portal.Node/ghp/public/content/Liste_Patientenanwaltschaften_HK.html (22.04.2013).

[29] Vgl. Jahresbericht der Arbeitsgemeinschaft Selbsthilfe Österreich, abrufbar unter: http://www.selbsthilfe-oesterreich.at/fileadmin/upload/doc/Jahresbericht_2011_web.pdf (14.02.2012).

[30] Vgl. Universität Wien [2009], S. 3 f.

4.3.5   Exkurs: Patientenfonds in Österreich

Im folgenden Exkurs sollen die in Österreich, genauer gesagt die in der Bundeshauptstadt bzw. dem Bundesland Wien, beheimateten Entschädigungsfonds vor-
gestellt werden. Dort existiert neben dem Wiener Patientenentschädigungsfonds
auch der Wiener Härtefonds. Gemeinsam ist den beiden Fonds, dass sich diese auf
Schadensfälle des stationären Sektors beziehen.[31]

4.3.5.1   Wiener Patientenentschädigungsfonds

Voraussetzung für eine Leistung aus dem Wiener Patientenentschädigungsfonds
ist, dass ein Patient in einem der Krankenhäuser der Bundeshauptstadt/des Bundeslandes Wien einen Schaden erlitten hat. Sollte es so sein, dass kein sicherer Nach-
weis über die Schadensursache oder über das Verschulden des Krankenhauses ge-
führt werden kann, oder es tritt eine seltene oder bislang unbekannte Komplikation
ein, die zu einer erheblichen Schädigung führt, auch dann, wenn die Patientin/
der Patient hinreichend über die Komplikation aufgeklärt worden ist, so entsteht
ein Leistungsanspruch gegenüber dem Patientenentschädigungsfonds. Sollte die
Beweislage eindeutig sein, kann dem zu Folge der Fonds nicht in Anspruch genommen werden.[32]

Aus dem Fonds kann eine Entschädigung von bis zu 100.000 EUR bezogen
werden. Wobei es sich dabei um eine einmalige Zuwendung handelt. Sollte zu
einem späteren Zeitpunkt der Schaden durch den ursprünglichen Schädiger oder
durch dessen Versicherung bzw. durch eine andere Stelle ausgeglichen werden,
so sind die aus dem Patientenentschädigungsfonds bezogenen Leistungen zurück-
zuzahlen. Lediglich in sozialen Härten kann von einer Rückzahlung abgesehen
werden.[33]

4.3.5.2   Freiwilliger Wiener Härtefonds

Der Wiener Härtefonds zielt speziell auf Schadensfälle ab, bei denen die Regu-
lierung des erlittenen Schadens einen besonders langandauernden, aufwändigen
Untersuchungsgang nimmt. Dabei sollen Zahlungen aus diesem freiwilligen Härtefonds nur dann greifen, wenn die Schadensersatzforderungen lediglich mit einem

---

[31] Vgl. Eckpunktepapier [2011].

[32] Vgl. die einschlägigen Regelungen des Patientenentschädigungsfonds, abrufbar unter:
http://www.wien.gv.at/gesundheit/einrichtungen/patientenanwaltschaft/schadensfaelle/
patientenfonds.html (Abgriff: 22.04.2013) sowie die dazu gehörigen Richtlinien, abrufbar
unter: http://www.wien.gv.at/gesundheit/einrichtungen/patientenanwaltschaft/pdf/patienten-
entschaedigungsfonds-richtlinien-bf.pdf (Abgriff: 22.04.2013).

[33] Ebd.

Beweisverfahren durchzusetzen sind oder die Durchsetzung nicht sicher ist. Sollte eine dieser Bedingungen erfüllt sein, so werden finanzielle Hilfen aus sozialen oder anderen Gründen bis zu 50.000 EUR gewährt (als Einzelfallentscheidung). Auch hier gilt ein ausgesprochener Subsidiaritätsgedanke, da die Ansprüche nur dann geltend gemacht werden können, wenn diese nicht aus anderen Quellen restituiert werden. Von daher existiert eine ähnliche Rückzahlungsverpflichtung wie beim zuvor beschriebenen Patientenentschädigungsfonds.[34]

4.3.5.3 Würdigung der beiden „Wiener Fonds"

Im Jahr 2009 wandten sich insgesamt 187 Patienten mit ihren Anträgen an den Patientenentschädigungsfonds und insgesamt 34 Antragssteller an den Härtefallfonds. Von diesen Antragstellungen wurden insgesamt 174 beim Patientenentschädigungsfonds eingereichte und 26 an den Härtefallfonds gerichtete Anfragen positiv beschieden. Knapp 90 % der Anträge wurden also positiv beschieden. Die relativ hohe Anzahl von Bewilligungen ist auch mit Blick auf den Verfahrensablauf zu erklären. So werden die Anträge von den Referentinnen und den Referenten der Patientenanwaltschaft gestellt. Zu dieser Sachbearbeitung gehören umfängliche Beratungsgespräche über die Chancen der Durchsetzung der Ansprüche. Damit geraten weniger erfolgversprechende Anfragen nur dann an das Beratungs- und Entscheidungsgremium (jeweiliger Beirat des dazugehörigen Fonds), wenn die Patientinnen oder Patienten gegen den Rat der Referenten auf einer Antragstellung beharren. Die Beiratsmitglieder werden von der Wiener Patientenanwaltschaft einberufen. Bei der Besetzung wird darauf geachtet, dass sich der Beirat aus unterschiedlichen Professionen und Aufgabenträgern zusammensetzt. Zu diesem Gremium gehört die Wiener Patientenanwältin bzw. der Patientenanwalt, eine Expertin bzw. ein Experten für Pflege auf Vorschlag der Pflegedienstdirektionen der Krankenhäuser, eine von der Rechtsanwaltskammer vorgeschlagenen Rechtsanwältin bzw. ein Rechtsanwalt, eine rechtskundige Vertreterin bzw. ein Vertreter der Geschäftsgruppe für Gesundheit und Soziales[35] sowie eine Vertrauensärztin oder ein Vertrauensarzt der Wiener Patientenanwaltschaft.

---

[34] Vgl. die einschlägigen Regelungen des Freiwilligen Wiener Härtefonds, abrufbar unter: http://www.wien.gv.at/gesundheit/einrichtungen/patientenanwaltschaft/schadensfaelle/haertefonds.html (Abgriff: 22.04.2013) sowie auch hier die dazu gehörigen Richtlinien, abrufbar unter: http://www.wien.gv.at/gesundheit/einrichtungen/patientenanwaltschaft/pdf/haertefonds-richtlinien-bf.pdf (Abgriff: 22.04.2013).

[35] Diese Geschäftseinheit ist eine Untergliederung des Magistrats der Stadt Wien. Bei Stadtstaaten stellt der Magistrat zugleich die Landesregierung dar. Vgl. die Internetseiten der Stadt bzw. des Bundeslandes Wien: http://wien.gv.at/gesundheit-soziales/ (22.04.2013).

4.3.6   Patientenrechte in Frankreich

Als Teil des Sozialversicherungssystems „Régime général" existiert in Frankreich eine verpflichtende Krankenversicherung Bismarck'scher Prägung, die für ca. 80 % der französischen Bevölkerung zuständig ist. Wichtigster Träger dieser Krankenversicherung ist die so genannte „Nationale Krankenkasse für Arbeitnehmer."[36] Die Pro-Kopf-Ausgaben in Frankreich betrugen 2010: 4021,- int $.[37]

Die Franzosen blicken auf ein bereits im Jahr 2002 etabliertes Patientenrechtegesetz zurück, das die Bezeichnung „Gesetz Nr. 2002-303 von 4. März 2002 auf die Rechte der Patienten und die Qualität des Gesundheitssystems (auch genannt Gesetz Kouchner genannt)" trägt. Das Gesetz wurde in enger Absprache mit französischen Patientenvereinigungen entwickelt und ging auf die drohende HIV -Pandemie dieser Jahre zurück. In den Gesetzesregelungen wurden einführend die Rechte der Patienten als Nutzer von Krankenhäusern und Gesundheitseinrichtungen definiert. Patientinnen und Patienten erhielten seitdem einen direkten Zugang zu den Informationen ihrer Krankendossiers und zudem wurde klargestellt, dass die persönliche Krankenakte Eigentum der Patientin/des Patienten ist. Im gleichen Zuge wurde geregelt, dass keine medizinische Behandlung ohne die freie und informierte Zustimmung einer Patientin/eines Patienten durchgeführt werden kann und, dass diese Zustimmung jederzeit widerrufen werden kann. Leistungserbringer mussten zudem fortan etwaige Verbindungen zur Industrie bekanntgeben. Zudem wurden für Geschädigte Schadensersatzansprüche geregelt, auch wenn dem Leistungserbringer kein direktes Verschulden nachgewiesen werden konnte.[38]

Frankreich verfügt über ein Ombudswesen. Der so genannte „Médiateur de la République" ist für die generelle Verbesserung der Beziehungen zwischen der Verwaltung und der Bürger zuständig und versucht, Streitfälle zu lösen. Bei dieser unabhängigen Verwaltungsstelle wurde ein spezieller Ansprechpartner für Fragen der Gesundheit und des Pflegewesens eingeführt.[39] Dieser spezialisierte Médiateur kann dann angesprochen und eingeschaltet werden, wenn Rechte von Patienten verletzt, Patienten die Qualität des Gesundheitssystems beeinträchtigt, oder aber die Sicherheit der Versorgung bzw. der Zugang gefährdet ist.[40]

Zur Beteiligung der Patienten an politischen Entscheidungsprozessen steht eine eigene Organisation zur Verfügung, die frankreichweit die Patienteninteressen ver-

---

[36] Vgl. Matz [2010].

[37] Vgl. Weltgesundheitsorganisation [2012] Global Health Observatory.

[38] Vgl. Delevoye [2011], o. S.

[39] Vgl. auch die Internetseite: http://www.securitesoins.fr/ (12.02.2013).

[40] Vgl. Delevoye [2011], o. S.

tritt. Der so genannte Collectif interassociatif Sur la Santé setzt sich für die Rechte der Patienten, für einen zu garantierenden Zugang zur Gesundheitsfürsorge, für begleitende Informations- und Kommunikationstechnologien im Gesundheitswesen, für eine organisierte, koordinierte und sich gegenseitig unterstützende Pflege sowie für die Förderung der Gesundheit und Lebensqualität kranker Menschen ein.[41]

4.3.7　Patientenrechte im Vereinigten Königreich

Das Mutterland einer staatlich organisierten, steuerfinanzierten Krankenversorgung ist das Vereinigte Königreich. Der Nationale Gesundheitsdienst (National Health Service, NHS) folgt einer Beveridge'schen Versorgungsidee und beinhaltet ambulante wie stationäre Behandlungen bei Krankheiten, Unfällen und/oder Pflegebedürftigkeit unter dem Dach einer staatlichen Leistungsgewährung und -finanzierung. Dabei wird die gesamte Bevölkerung nach dem Wohnsitzprinzip versorgt. Die in internationalen, kaufkraftbereinigten Dollar ausgedrückten Pro-Kopf-Ausgaben betrugen 2010 im Vereinigten Königreich: 3480,- int. $.[42]

Auch hier existiert ein kodifiziertes Patientenrecht in Form der 1991 eingeführten so genannten „Patient's Charta." Die Leitsätze legen die Patientenrechte für Behandlungen des Nationalen Gesundheitsdienstes (NHS) fest und beziehen sich damit auf unterschiedlichste Dienstleistungsbereiche wie bspw. die Krankenhausbehandlung, die Behandlung in den Health Communities, die ambulante (hausärztliche) Versorgung, die zahnärztliche Behandlung, die Versorgung mit Arzneimitteln sowie Leistungen bei Mutterschaft. Die Charta wurde Mitte und Ende der 1990er Jahre überarbeitet.[43]

Auch ein Ombudswesen ist dem britischen System zu Eigen; so existiert ein „Parliamentary and Health Service Ombudsman (PHSO)."[44] Dieser vom Premierminister ernannte, ansonsten aber völlig unabhängige „Bürgerbeauftragte" prüft die Beschwerden der Öffentlichkeit, die sich auf die Inanspruchnahme von jedweden Leistungen des NHS beziehen und ist dem Parlament gegenüber zur Berichterstattung verpflichtet. Die an ihn gerichteten Anfragen können sich auf den NHS, beauftragte Agenturen oder aber das Ministerium selbst beziehen. Der Bürgerbeauftragte verfügt über ausgesprochen umfängliche Untersuchungsbefugnisse hinsichtlich der administrativen Rechtsakte und Handlungen einer Behörde. Dazu

---

[41] Vgl. Prognos AG [2011], S. 21.

[42] Vgl. Weltgesundheitsorganisation [2012] Global Health Observatory.

[43] Vgl. Spielberg [2006], o. S.

[44] Vgl. NHS Constitution [2006], S. 17.

gehören nicht-erbrachte NHS-Leistungen genauso wie Missstände innerhalb der Versorgung durch den nationalen Gesundheitsdienst. Bei der Beweiserhebung und der Zeugenvernehmung geniest er die gleiche Autorität wie der High Court (das Höchste Gericht des Vereinigten Königsreichs). Seine Restitutionsleistungen können von einer Entschuldigung über eine Ausgleichszahlung für das erfahrene Leid bis hin zur Entschädigung von eingetretenen Vermögensschäden reichen. Doch auch die Entscheidungen des Bürgerbeauftragten können hinterfragt werden. So kann ein spezieller Ausschuss des Parlaments die Festlegungen des Bürgerbeauftragten prüfen und ggf. andere Feststellungen treffen.[45]

Die Möglichkeiten der Patienten, sich in die politischen Entscheidungsprozesse einzubringen, sind nationenweit sehr unterschiedlich ausgestaltet. Dazu muss man verstehen, dass sich die Organisation des NHS jeweils auf die unterschiedlichen Landesteile des Vereinigten Königsreichs erstreckt. Im gesamten Land existieren keine einheitlichen NHS-Regeln,[46] sondern diese enden jeweils an den Landesteilgrenzen. Demnach existiert in Wales ein Mitberatungsrecht auf Ebene Community Health Councils,[47] das wiederum für Schottland modifiziert wurde.[48] Nach einer Gesetzgebung im Jahr 2007, die als Local Government and Public Involvement in Health Act 2007 bekannt gemacht wurde, sind innerhalb des NHS für den englischen Landesteil im Jahr 2008 so genannte „Local Involvement Networks" (LINks) entstanden. Mit der Etablierung dieser Stellen sollte der Öffentlichkeit die Chance gegeben werden, sich besser über die erhaltenen Gesundheitsleistungen aber auch über soziale Dienste äußern zu können. Damit sollten insbesondere Verbesserungsideen aus den erhaltenen Rückäußerungen für die vorgehaltenen Dienstleistungen gesammelt werden. Diese unabhängigen, lokalen Netzwerke werden von den NHS-Councils auf der Gemeindeebene finanziert und mit der Macht versehen, lokale Leistungsangebote zu ergänzen, zu verändern oder umzugestalten. Darüber hinaus erhielten die Kontrolleure der LINks die Befugnis, Hinweisen von nahezu allen Beteiligten des Gesundheitsdiensts (von Einzelpersonen über Patientenvertreter über Leistungserbringer bis hin zu Kostenträgern) zu folgen und ggf. diesen

---

[45] Die Arbeit des Parliamentary and Health Service Ombudsman wird in einem regelmäßig erscheinenden Bericht transparent. Die Berichte können im Internet unter: http://www.ombudsman.org.uk/annual-report-2011-12 (Abgriff: 14.02.1012) eingesehen werden.

[46] Zu den Regeln des NHS Schottland vgl. http://www.show.scot.nhs.uk/introduction.aspx (14.02.2013), zu denen des walisischen NHS siehe http://www.wales.nhs.uk/ (Abgriff: 14.02.2013), zu denen des NHS in Nordirland vgl. http://www.n-i.nhs.uk/ (14.02.2013) und zu denen des englischen NHS vgl. zudem: http://www.nhs.uk/Pages/HomePage.aspx (14.02.2013).

[47] Vgl. Board of Community Health Councils in Wales [2012], o. S.

[48] Vgl. Prognos AG [2011], S. 34.

Hinweisen in Kontrollbesuchen nachzugehen. Sollten Fragen auftauchen, so sind diese gegenüber den LINKs-Administrativen innerhalb von wenigen Wochen zu beantworten.[49]

Im Juli 2010 veröffentlichte die britische Regierung ein Weißbuch, in dem vorgeschlagen wird, die LINKs abzuschaffen und stattdessen einen so genannten Local Health Watch zu etablieren. Dieser Vorschlag wurde in eine Gesetzesinitiative zum Health and Social Care Act 2012 zusammengetragen. Die Verabschiedung des Gesetzes verzögert sich jedoch derzeit. Im Rahmen des Health Care Watch sollten die Betroffenen einen Ratgeber für die Nachfrage nach Gesundheits- und Pflegeleistungen erhalten und zudem mit einen beratenden NHS-Service ausgestattet werden. Ziel war, dem so genannten Health Watch-in England als unabhängigen Arm einer Kommission zu etablieren, die sich insbesondere mit der Qualität der pflegerischen Maßnahmen auseinandersetzt.[50]

4.4　Zusammenfassung zu den europäischen Ausprägungen

Aus einer Entwicklungsperspektive heraus ist sicherlich Schweden, Anfang der 1990er Jahre, als Vorreiter für ein ausgeprägtes Ombudswesen zu nennen. Was dort im Kleinen begann, wurde im Zeitverlauf in eine eigene staatliche Behörde überführt und mit einem ganz besonderen Fokus auf Kinder und Jugendliche ausgeweitet. Als weitere Pioniernation gelten die Niederlande, die Mitte der 1990er Jahre begannen, patientenseitige Ansprüche aus Fehlbehandlungen in eine eigene Rechtsetzung zu überführen. Dabei wurden weite Teile des öffentlichen Interesses einem politischen Konsens zugeführt, so dass in der Folge eine regierungsnahe Patientenvertretung entstand. Etwas später begann Dänemark mit einem eigenen Patientenrechtegesetz, Regelungen für Beschwerden und Rechtsbehelfe zu etablieren. Schwerpunkte dieser Institutionen lagen in der nationalen Entwicklung auf einen freien Zugang zu den Beschwerdekanälen (bspw. über das Internet) bzw. auf Arzneimittelthemen, bei denen unbeabsichtigte Ereignisse im Vordergrund standen. Zur gleichen Zeit entstand eine Patientencharta in Österreich, die über die Arzneimittel hinaus auch die Rehabilitation und Medizinprodukte mit in den Fokus nahm. Ferner verfügt ein so genannter Volksanwalt über umfängliche Rechte,

---

[49] Mehr Informationen zu den Local Involvement Networks sind auf der Internetseite des NHS unter: http://www.nhs.uk/NHSEngland/links/Pages/links-make-it-happen.aspx (Abgriff: 14.02.2013) zu finden.

[50] Mehr Informationen zum Health and Social Care Act 2012 können unter: http://www.legislation.gov.uk/ukpga/2012/7/pdfs/ukpga_20120007_en.pdf. (Abgriff: 14.02.2013) abgerufen werden.

für von Schadensfällen betroffene Patienten Sachverhalte zu hinterfragen und zu prüfen. Eine mit staatlichen Mitteln geförderte Institution, die so genannte Arbeitsgemeinschaft Selbsthilfe (ARGE SHÖ), vertritt Patientenrechte, indem aktiv Patientenrechte auf der Makroebene eingefordert werden. Österreich verfügt darüber hinaus in der Bundeshauptstadt bzw. dem Bundesland Wien über zwei Entschädigungsfonds, die in dieser Form bislang nicht bekannt waren. In Frankreich erhalten Patienten im Rahmen ihrer Patientenrechte einen umfänglichen Zugang zu ihren persönlichen Krankenakten. Französische Leistungserbringer mussten zudem Beziehungen zur Industrie bekanntgeben. Neben einem umfänglichen Ombudswesen standen Patienten Schadensersatzansprüche zu, auch wenn kein direktes Verschulden der Leistungserbringer festgestellt werden konnte. Auch im Vereinigten Königreich ist der Entwicklung des National Health Services eine fortschreitende Verbreiterung des Ombudswesens zu beobachten. Entsprechend etablierte Netzwerke widmen sich diesen Aufgaben und nehmen auch Pflegeleistungen mit in den Fokus.

Fazit und Ausblick 5

Die Datenlage über die Anzahl der Behandlungsfehler in Deutschland ist spärlich und gibt häufig nur einen ersten Hinweis über das tatsächliche Ausmaß der Behandlungsfehler. Hier liegt der Grund, warum auch die durch Behandlungsfehler entstandenen Kosten nur schwer abzuschätzen sind. Im Zusammenhang mit Behandlungsfehlern, für die keine rechtlich festgelegte Definition existiert, wird allgemein von einer Verletzung der ärztlichen Sorgfaltspflicht gesprochen. Strengen Patienten Verfahren an, so stehen sie vor allem vor Herausforderungen der Beweislastregelungen und vor dem Problem, dass die Haftpflichtversicherungen der Leistungserbringer das Vorliegen eines Behandlungsfehlers häufig nicht anerkennen (wollen). Eine für alle Beteiligten/zu beteiligenden Gruppen einheitlich geltende Definition wäre demnach hilfreich, damit Leistungsempfänger, Leistungserbringer und Kostenträger einen klaren Beleg hätten, wann Ansprüche gerechtfertigt sind. Vor diesem Hintergrund wurde in Deutschland das Patientenrechtegesetz verabschiedet, das die patientenseitigen Ansprüche regeln sollte. Auch wenn die Verabschiedung dieses Gesetzes im Allgemeinen von verschiedenen Anspruchsgruppen im Gesundheitswesen begrüßt wurde, so wurde jedoch auch kritisiert, dass lediglich ein bereits zuvor in unterschiedlichen Rechtsgrundlagen kodifizierter Status quo nun in einem neuen Gesetz festgehalten wurde, ansonsten aber keine echten Neuerungen auf den Weg gebracht wurden. Vor dem Hintergrund, dass bundesdeutsche Patienten in vielen Fragen häufig nicht ausreichend über ihre Rechte informiert sind, war und ist es Anspruch des nationalen Gesetzes, den Patienten mehr Transparenz über die sie betreffenden Rechte einzuräumen.

Im europäischen Kontext konnte gezeigt werden, dass – teilweise sehr umfängliche – Institutionen in den europäischen Nachbarstaaten existieren. Diese

© Springer Fachmedien Wiesbaden 2014
L. C. Hoffmann, H.-R. Hartweg, *Patientenrechte in Europa,* essentials,
DOI 10.1007/978-3-658-07287-2_5

Entwicklungen sind, wie gezeigt werden konnte, sicherlich auch in Abhängigkeit von den Entwicklungslinien anderer Politikfelder in diesen Nationen zu sehen und folgen zum Teil sehr unterschiedlichen Ausprägungen. Teilweise ist eine spezielle Ausrichtung dieser Rechte auf Bevölkerungsteile zu beobachten bzw. diese Rechte sind aus besonderen Ansprüchen ausgesuchter Bevölkerungsteile hervorgegangen. Das deutsche Rechtssystem scheint bei der Ausgestaltung solcher patientenseitigen Institutionen noch am Anfang zu stehen, so dass abschließend zu hoffen bleibt, dass das Patientenrechtegesetz einen Beitrag leisten wird, die in anderen europäischen Ländern bereits erfolgreich etablierten Strukturen auch auf die Bundesrepublik zu übertragen.

Literatur

Ärztezeitung. (2012). Geplante Patientenrechte sorgen für lange Gesichter. http://www.aerztezeitung.de/politik_gesellschaft/gp_specials/patientenrechtegesetz/article/814056/geplante-patientenrechte-sorgen-lange-gesichter.html. Zugegriffen: 27. Juni 2012.

Barnombudsmannen. (2012). About us. http://www.barnombudsmannen.se/english/about-us/. Zugegriffen: 04. Juli 2012.

Beauftragte der Bundesregierung für die Belange der Patientinnen und Patienten. (2012). Amt, Aufgabe und Befugnisse der oder des Beauftragten der Bundesregierung für die Belange der Patientinnen und Patienten. http://www.patientenbeauftragter.de/front_content.php?idcat=4&lang=1. Zugegriffen: 04. Juli 2012.

Bertelsmann Stiftung. (2010). Pressemeldung. Berlin, 10.12.2010. Patienten sind nur unzureichend über ihre Rechte aufgeklärt. „Rechtegesetz" als Informationsinstrument für aufgeklärte Patienten. http://www.bertelsmann-stiftung.de/cps/rde/xchg/SID-D48DE212-C14CEC51/bst/hs.xsl/nachrichten_104690.htm. Zugegriffen: 22. Mai 2012.

Board of Community Health Councils in Wales. (2012). About us. http://www.wales.nhs.uk/sitesplus/899/page/45274. Zugegriffen: 04. Juli 2012.

Bundesministerium für Gesundheit. (2013). Öffentliches Gesundheitsportal Östereichs. http://www.gesundheit.gv.at/Portal.Node/ghp/public. Zugegriffen: 22. April 2013.

Delevoye, J.-P. M. (2011). Qu'est-ce que le Pôle Santé et Sécurité des Soins? http://www.securitesoins.fr/Le-Pole-Sante-et-Securite-des-Soins_fr_18.html. Zugegriffen: 04. Juli 2012.

Eckpunktepapier. (2011). Eckpunktepapier. Patientenrechte in Deutschland. http://www.hamburg.de/contentblob/3152232/data/bgv-patientenrechte-eckpunktepapier.pdf. Zugegriffen: 16. Mai 2012.

Fricke, A. (2012). Endspurt für die Patientenrechte. http://www.aerztezeitung.de/politik_gesellschaft/gp_specials/patientenrechtegesetz/article/815464/endspurt-patientenrechte.html. Zugegriffen: 27. Juni 2012.

Gieske, S. (2012). Kabinett schickt Patientenrechte auf die Reise. http://www.aerztezeitung.de/politik_gesellschaft/gp_specials/patientenrechtegesetz/article/814017/kabinett-schickt-patientenrechte-reise.html. Zugegriffen: 23. Mai 2012.

© Springer Fachmedien Wiesbaden 2014
L. C. Hoffmann, H.-R. Hartweg, *Patientenrechte in Europa,* essentials,
DOI 10.1007/978-3-658-07287-2

Grundlagenpapier. (2011). Grundlagenpapier. Patientenrechte in Deutschland. Der Patientenbeauftragte der Bundesregierung. Bundesministerium für Gesundheit. Bundesministerium für Justiz. http://www.hamburg.de/contentblob/3152236/data/bgv-patientenrechte-grundlagenpapier.pdf. Zugegriffen: 16. Mai 2012.

Interreg 4A. (2011). Stärkung der Patientensicherheit zwischen Dänemark und Deutschland, Flensburg. 2011.

Koalitionsvertrag. (2005). Gemeinsam für Deutschland. Mit Mut und Menschlichkeit. Koalitionsvertrag von CDU, CSU und SPD. http://www.cducsu.de/upload/koavertrag0509.pdf. Zugegriffen: 16. Mai 2012.

Matz, K. H. (2010). Europäische Gesundheitssysteme – eine Darstellung der Gesundheitssysteme 25 Ländern. http://www.kbv.de/publikationen/36989.html. Zugegriffen: 12. März 2013.

Ministerie van Volksgezondheid, Welzijn en Sport. (2012). Fonds PGO. http://www.fondspgo.nl/. Zugegriffen: 04. Juli 2010.

NHS Constitution (2012). The NHS Constitution. The NHS belongs to us all. http://www.nhs.uk/choiceintheNHS/Rightsandpledges/NHSConstitution/Documents/nhs-constitution-interactive-version-march-2012.pdf. Zugegriffen: 04. Juli 2012.

Parliamentary Ombudsmen. (2012). Welcome to the parliamentary Ombudsmen-JO. http://www.jo.se/Page.aspx?Language=en. Zugegriffen: 04. Juli 2012.

PKV Ombudsmann. (2012). Aufgaben und Zweck. http://www.pkv-ombudsmann.de/. Zugegriffen: 04. Juli 2012.

Prognos A. G. (2011). Patienten- und Bürgerbeteiligung in Gesundheitssystemen. Gute Praxis in ausgewählten Gesundheitssystemen, Düsseldorf. 2011.

Spielberg, P. (2006). Ein kunterbunter Flickenteppich. http://www.zm-online.de/m5a.htm?/zm/4_06/pages2/int1.htm. Zugegriffen: 04. Juli 2012.

Stadt Wien. (2013). Finanzielle Entschädigung. http://www.wien.gv.at/gesundheit/einrichtungen/patientenanwaltschaft/schadensfaelle/index.html. Zugegriffen: 22. April 2013.

Universität Wien. (2009). PatientInnen- und Angehörigenorganisationen in Österreich. Selbsthilfe und Interessenvertretung, Unterstützung und Beteiligungsmöglichkeiten. Projektendbericht. http://www.univie.ac.at/pao/Berichte/PAO_Endbericht_final.pdf. Zugegriffen: 04. Juli 2012.

Vogler, K. (2012). Patientenrechtegesetz verschenkt Chancen. http://www.linksfraktion.de/pressemitteilungen/patientenrechtegesetz-verschenkt-chancen/. Zugegriffen: 23. Mai 2012.

Volksanwaltschaft. (2012). Geschäftsverteilung. http://volksanwaltschaft.gv.at/die-volksanwaltschaft/rechtsgrundlagen/geschaeftsverteilung. Zugegriffen: 04. Juli 2012.

Weltgesundheitsorganisation. (2012). Global Health Observatory. www.who.int/gho/countries/en/. Zugegriffen: 12. März 2013.